UN

BAIL A COLONAGE

Du XVIᵉ siècle

EN ARMAGNAC

PAR

M. ÉDOUARD FORESTIÉ

Membre de l'Académie

MONTAUBAN

IMPRIMERIE ET LITHOGRAPHIE FORESTIÉ

23, Rue de la République, 23

—

1907

UN

BAIL A COLONAGE

Du XVIe siècle

EN ARMAGNAC

PAR

M. ÉDOUARD FORESTIÉ

Membre de l'Académie

MONTAUBAN

IMPRIMERIE ET LITHOGRAPHIE FORESTIÉ

23, Rue de la République, 23

—

1907

UN

Bail à Colonage du XVIe siècle

EN ARMAGNAC

Il y a déjà vingt ans, j'eus l'honneur de vous lire un travail sur l'agriculture au XIVe siècle dans le sud-ouest de la France. Cette étude fut ensuite communiquée au congrès des sociétés savantes réunies à la Sorbonne. Les précisions que je donnai et les conclusions de ce mémoire furent l'objet de nombreux commentaires de la part de mes auditeurs : les uns restant quand même un peu sceptiques, les autres loyalement convaincus, surtout après les observations approbatives de savants dont l'autorité était universellement reconnue en ces matières : j'ai nommé MM. Léopold Delisle, ce bénédictin laïque, qui est l'honneur de la science française, et M. Siméon Luce, le savant annotateur de Froissart.

Si je rappelle ces souvenirs déjà lointains, ce n'est certes pas dans un sentiment mesquin d'amour-propre, c'est seulement pour constater avec satisfaction qu'aujourd'hui, après les travaux de nombreux érudits de province, qui ont cherché le secret de l'histoire de nos populations rurales dans les vieux registres de notaire, la question est bien exactement résolue dans le sens que nous précisions ainsi avec M. Baudrillart [1] : si le XIV° siècle ne fut pas l'âge d'or, il est incontestable que le progrès social s'y développa considérablement ; les populations rurales y présentent des preuves réelles de bien-être et que la vie, les mœurs, les conditions sociales de nos paysans étaient à peu près les mêmes que dans les deux premiers tiers du XIX° siècle.

Aujourd'hui c'est un bail de colonage du XVI° siècle qui nous fournira, si vous le voulez bien, une nouvelle preuve de cette assertion, en même temps qu'il nous montrera par la similitude absolue de ses clauses avec celles des contrats agricoles actuels que pendant trois siècles les mêmes conditions ont subsisté entre les propriétaires et les colons partiaires ; que ces clauses, que nous avons signalées au XIV° siècle, ont traversé bien des périodes agitées sans que l'essence même, qui consacre une tradition restée vivante dans nos pays depuis la domination romaine, en ait été notablement altérée [2].

Au XVI° siècle, les colons partiaires se nomment bordiers, du mot borde, — on appelait ainsi la métairie [3], — et nous allons constater qu'en 1526, dans notre sud-ouest, en Armagnac, on retrouve les mêmes clauses que dans les polices actuelles passées entre les propriétaires et leurs métayers.

Donc, si les conditions de partage des récoltes, — excellente application du principe de l'association du capital et du travail, — sont les mêmes, la situation sociale du prolétariat rural ne s'est guère modifiée depuis la chute de l'ancien régime, si ce n'est par l'accession d'un plus grand nom-

---

[1] *Histoire du Luxe.*

[2] Voir Edouard Forestié. — *La Vie rurale et l'Agriculture au XIV° siècle.* (Rec. de l'Acad., 1886.)

[3] Ou *Boria*, dans certaines localités.

bre à la possession du sol. Et même si l'on interroge les cadastres anciens on constate qu'il y a un plus grand nombre de parcelles possédées par des personnes différentes, pendant les trois derniers siècles qu'aujourd'hui.

Mais ce n'est point le côté de la question que nous avons à envisager aujourd'hui. Restons avec notre bail qui nous fournira la preuve de ce que nous avons avancé.

Tout d'abord un mot sur le document lui-même et sur son origine, car dans nos longues investigations à travers les registres de notaires des siècles passés, nous n'en avions jamais trouvé de si complet et de si détaillé. Peut-être faut-il attribuer cette absence à ce fait que les notaires de notre région montalbanaise rédigeaient ces polices en dehors de leurs actes ordinaires et qu'ils les inséraient dans leurs cèdes volantes ou dans leurs liasses que les chercheurs ont le tort de ne pas consulter avec autant de soin que les registres ordinaires. Ces liasses contiennent en effet la minute des testaments mystiques et olographes, les conventions particulières entre les parties, conventions qui n'étaient pas soumises au contrôle.

Le bail à colonage que nous publions ci-dessous est tiré d'un registre tombé par hasard sous nos mains, et provenant de l'étude d'un notaire de Cologne (Gers), Arnaud de Maria. Il se trouvait avec deux autres du même tabellion dans les archives de M. Chalret du Rieu, ancien conseiller général de Caussade, qui a bien voulu nous en faire don. Ces registres, admirablement tenus, bien conservés, sont très intéressants pour la contrée à laquelle ils se raportent et à la période durant laquelle ils furent écrits. Celui auquel nous empruntons le bail à colonage est de 1525.

Le propriétaire bailleur se nommait Jean de l'Isle ou de la Ilha, et était prêtre et recteur de Labastide et de Maubiela. Appartenait-il à une branche de cette ancienne et opulente maison des Jourdain de l'Isle qui laissa une trace glorieuse dans l'histoire de notre province ? Nous l'ignorons ; toujours est-il qu'il possédait une propriété à la Bardasse et à la Pasquette, juridiction de Cologne.

Le preneur étant un cultivateur du nom de Guillaume d'Abbatia, ou de l'Abbaye, ou de Labadie, ou simplement Abadie, et ses deux enfants, du lieu d'Ardisan.

Le bail est fait, non plus comme aujourd'hui pour un an, renouvelable par tacite reconduction, il est conclu plus sagement pour une période de neuf années. On voit que cette clause est autrement sage que celle qui limite à une récolte la période pendant laquelle les parties sont liées.

Comme on le verra dans le texte que nous publions, le notaire a écrit son protocole en latin et les divers articles en langue vulgaire afin que le paysan pût mieux saisir à la lecture la portée de ses engagements dont voici la traduction dans laquelle nous supprimons les redites et les formules inutiles :

I. Et premièrement il est convenu entre les parties que chacune sera tenue de fournir deux paires de bœufs bons et suffisants pour labourer les terres et aussi de fournir la moitié de toutes les semences quelconques ; au temps de l'été le blé se partagera par moitié, à la mesure, sur l'aire de la métairie ou bien à l'endroit où la gerbe sera battue.

Quatre paires de bœufs supposent une métairie assez considérable, d'ordinaire on compte quarante arpents ou vingt-deux hectares par paire de bœufs. La clause de partage par moitié est celle adoptée dans la grande majorité des exploitations rurales.

II. Le bordier et ses fils auront quatre charrues garnies de bois et de tous les ferrements nécessaires pour labourer les terres, et cela à leurs frais ; chaque partie sera tenue de payer la moitié du reilhage (de la forge) et le bailleur devra fournir deux charrues garnies de bois et de fer. A la fin du bail, les preneurs devront rendre les deux paires de bœufs et les deux charrues dans les conditions et dans l'état qu'ils les auront pris ;

III. Si l'un des bœufs appartenant aux uns ou aux autres venait à être insuffisant (flaques) ou malade, les bordiers devront les renouveler à leurs frais sans que le bailleur ait à les aider en rien ; les bordiers seront tenus de labourer les terres convenablement comme cela doit être fait, et à leurs frais ;

IV. Les bordiers seront tenus de fumer les terres, de sarcler les blés et autres semences, de faucher les près. S'ils ne sarclaient pas les blés, le bailleur pourrait faire exécuter ce travail à leurs frais ;

V. Si la provision de nourriture pour les bestiaux venait à manquer, les bordiers sont tenus d'en acheter à leurs frais sans que le bailleur ait à y contribuer en rien.

VI. Chaque partie sera tenue de fournir trente têtes de brebis pleines dont le produit sera partagé par moitié ;

VII. Les bordiers seront tenus de garder au preneur vingt têtes de moutons sans autre profit que le fumier ;

VIII. Tous les porcs élevés sur la propriété seront à mi-fruit ; chaque partie en fournira la moitié qui se partagera également par moitié ; les bordiers en auront la garde ; mais si l'on doit les amener manger hors de la métairie la dépense sera payée par moitié ;

IX. Les bordiers devront faire deux sols (pour le dépiquage), l'un à la métairie, l'autre au rez de la maison de Pesquières, et seront tenus de porter la moitié de la gerbe à la dite salle, et l'autre au sol de la métairie.

X. Les bordiers devront apporter à la maison de Pesquières tous les foins que le preneur s'est réservés ;

XI. Les bordiers devront donner chaque année : deux journées de faucheur pour les prés réservés ; quatre journées pour bêcher les vignes et quatre journées pour les biner ;

XII. Les bordiers donneront chaque année six paires de poulets payables de Toussaint à Noël ; six paires de poules de Pâques à Saint-Jean-Baptiste ; quatre paires d'oies. Ils commenceront à donner les poules à la fête de Pâques prochaine, et les autres à la fête d'octobre, et les oies au temps qu'il convient ;

XIII. Ils devront fournir quatre douzaines d'œufs payables de jour en jour à la volonté du bailleur ;

XIV. Ils devront semer chaque année un sac de graine de lin, dont le bailleur fournira la semence ; si les bordiers en sèment, la récolte sera partagée, mais le bailleur leur remboursera la moitié de la semence ou la valeur ;

XV. Les bordiers seront tenus de faire un journal[1] de fourrage vert et un autre de vesces[2] dont le bailleur fournira la semence ;

XVI. Les bordiers seront tenus d'aller aider au bailleur à enfermer sa vendange de Cologne et de l'apporter à la maison de Pesquières s'il en est besoin ;

XVII. Le bailleur sera tenu de fournir à ses bordiers un casau[3] de ses vignes de Cologne qui sera récolté de moitié, chacune des parties étant tenue d'aider l'autre à vendanger à ses frais ; les bordiers devront tailler, bêcher, biner, et faire des provins comme leur chose propre ;

XVIII. A leur sortie, les bordiers devront laisser la moitié des terres en jachère ;

XIX. A la fin du bail, les bordiers devront laisser toutes les pailles et tous les foins qui se trouveront à la métairie, dans les mêmes conditions qu'ils les y ont trouvés en entrant ;

XX. Si pendant la durée du bail quelque réparation était faite de moitié, la réparation restera telle quelle à la fin comme c'est à présent ;

XXI. Les bordiers sont tenus de curer les fossés et s'ils

---

[1] Journal, mesure agraire de Cologne valant 25 ares 52 centiares.

[2] *Vala*, mot que nous n'avons pu traduire et que nous supposons signifier vesces.

[3] *Casau*, mesure agraire de Cologne valant 28 ares 72 centiares.

en font de neufs là où c'est nécessaire à l'entour de la métairie, le bailleur sera tenu de les faire faire à ses frais ;

XXII. Le bordier sera tenu de planter 200 arbres à l'entour de la métairie où il sera besoin : poiriers, pommiers, amandiers, cerisiers, noyers, saules et autres arbres fruitiers ;

XXIII. Les bordiers ne devront point, sans autorisation du bailleur, laisser entrer le bétail dans les fermes ni les garennes, si ce n'est les brebis ; lesdits bordiers seront tenus de passer devant sa maison (probablement pour qu'on pût le surveiller) ; il leur est défendu de prendre quelque sorte de bois que ce soit dans les garennes du bailleur ;

XXIV. Si les animaux du bordier faisaient des trous (des passages) dans les fossés des garennes du bailleur, la réparation du dommage doit être faite par le bordier, sinon le bailleur pourra le faire réparer à leurs frais ;

XXV. Si les bordiers ne veulent pas se conformer aux conventions ci-dessus, le bailleur peut les mettre à la porte et les remplacer ;

XXVI. Les bordiers sont tenus de faire *artesa* (?) ladite borde deux fois pendant leur bail.

XXVII. Dans le cas où ledit de Lille aurait besoin de faire charrier de la brique, du bois, ou du vin de la ville de Cologne ou pour la réparation de la métairie, de la maison de Pesquères, les bordiers seront tenus de le faire ;

XXIX. Le bailleur promet de fournir des moissonneurs pendant tout le temps du bail.

ARRENDAMENTUM UNIUS BORDE, HONORABILIS VIRI DOMINI JOHANNIS DE INSULA, RECTORIS DE BASTIDA ET DE MAUBIELA.

Anno quo supra (1526), et die tercia mensis novembris, regnante domino Francisco, apud aulam de Pesquieras, sitam in presenti ville Colonie, personaliter constitutis, videlicet honorabilis vir dominus Johannes de Insula, presbyter et rector de Bastida et de Maubiela, dicte ville Colonie habitator, et in gratis, etc..., arrendavit et pro modum arrendamenti tradidit provido viro Guillelmo de Abbatia, Johanni et Antonio de Abbatia, ejus filiis, loci de Ardisianis habitatoribus ibidem presentibus, videlicet quamdam suam bordam vulgariter nuncupatam « La Bardassia, » sitam in juridictionem dicte ville, una cum omnibus terris tam vallis quam collis et pratis eidem borde pertinentibus, et unam peciam terre et prati simul in presenti juridictione de Colonia, loco dicto « a la Pasqueta, » cum suis debitis confrontationibus et habendum pro tempus novem annorum et novem collectarum de date presentis instrumenti laborare dictas terras cum pactis sequentibus in vulgariter explicatis :

I. — Et premierament es pacte entre las dictas partidas que quada-partida sera tenguda de metre dus parelhs de boous bos et sufficiens per labora lasd. terras et ausi parelhament de forni la mitat de la semenssa de qunha condition que sia que se semenara en lasdichas terras ; et en lo temps de l'estiu lo gran se partira megerament am la mesura en lo solh de lad. borda ou de la ont la garba se batera ;

II. — Item es pacte que losd. de Labadia, pay et filhs, seran tengutz de metre quatre arays garnitz de fusta et de tota ferramenta per labora lasd. terras a lor despens, et quada partida sera tenguda de pagua la mitat del louze ; et lodit de la Ylha sera tengut de bayla ausdits de Labadia dus arays garnitz de fusta et de tota ferramenta per labora lasd. terras et a la fin deudit arrendament, losdits de Labadia seran tengutz de rendre et restitui audit de la Ylha los dus parelhs de boous a et apertenens, de la valor que els los auran preses et ausi parelhament los dus arays audit de la Ylha apertenens, garnitz de fusta et de ferramenta, en la forma et manieira que los auran preses ;

III. — Item es pacte entre lasd. partidas que se era cas que degun deusdigs boous de totas partidas flaques, losdigs bordes seran tengutz dels renovela a lors despens, sans que lodig de la Ylha no sera tengut de lor ajuda en re, et ausi, parelhament losdigs de Labadia seran tengutz de labora las dichas terras bonament et degudament a lors despens ;

IV. — Item es pacte que losdigs de Labadia seran tengutz, quada an duran lodig arrendament, de feneja las dichas terras et de salcla los blats et autra condition de gran à lor despens, et ausi dalha los prats. Et se era cas que losdigs bordes no los salclaban, lod. de la Ylha los poyra fe salcla aus despens deusd. bordes ;

V. — Item es pacte que se era cas que la pastura deusd. bestia falhis pendent lod. arrendament, losd. bordes seran tengutz de la compra a lors despens, sans que lod. de la Ylha no pagara a ren ;

VI. — Item es pacte que quada partida sera tenguda de metre en lad. borda trenta capcz de auelhas mayrits, per noyri et lo profieyt que s'en seguira se devesira miegeramen ;

VII. — Item es pacte que losd. bordes seran tengutz de garda audit de la Ylha, en lad. borda, vint capcz de motos, sans que losdig de Labadia non auran degun profieyt se no lo fems ;

VIII. — Item es pacte que totz los porcs que se noyriran en lad. borda seran a megas et quada partida sera tenguda de ny metre la mitat, et lo profieyt se partira miegerament, et losd. bordes seran tengutz de los garda a lor despens estan en lad. borda, et se era cas que anessan deffora, a la seu despensa e apeys a megas ;

IX. — Item es pacte que losd. bordes seran tengutz de fe dus solhs, so es un a lad. borda et l'autre au pe de lad. sala de Pesqueras, et seran tengutz de porta la mitat de tota la garba a la dicha sala, et l'autre mitat au solh de ladita borda, quada an duran lodig arrendament ;

X. — Item es pacte que losd. bordes seran tengutz de porta quada an aud. de la Ylha, a sa mayson de Pesquieras, totz los fes deus pratz que el s'a reservatz per el ;

XI. — Item es pacte que losdigs bordes seran tengutz quada an duran lodig arrendament de dona audit de la Ylha dus jornaus de dalha en sos pratz que el s'a reservatz per el, et ausi quatre jornaus a las vinhas folga, et autres quatre jornaus a bina ;

XII. — Item es pacte que losdigs bordes seran tengutz de dona quada an audit de la Ylha, durant lod. arrendament, sies parelhs de gariaz, pagadoras de Totz-Sancz, d'aqui a Nadau, et sies parelhs de gariaz, de Pasquas, d'aqui a la Sant-Johan-Baptista, et quatre parelhs de auquatz ; comensan de paga losd. gariatz a la festa de Pasquas propdanament, et lasd. gariaz a la festa de Totz-Sancz apres enseguent, et los auquatz au temps que aperten ;

XIII. — Item es pacte que, quada an, losdigs de Labadia seran tengutz de dona aud. de la Ylha quatre dotzenas de oous de garia, pagados de jorn en jorn a la vuluntat desd. de la Ylha ;

XIV. - Item es estat pacte que losd. bordes seran

tengutz de semena en lasd. terras, quada an duran lod. arrendament aud. de la Ylha, ung sac de gran de lin, et lod. de la Ylha sera tengut de forni la semessa. Et se era cas que losd. bordes semenaban eu lasdichas terras gran de lin, sera tot a megas, mes lod. de la Ylha sera tengut de lor torna la mitat de la semenssa o pagua la valor d'aquela ;

XV. — Item es pacte que losd. bordes seran tengutz, quada an durant lod. arrendament de fe un jornal de farrage aud. de la Ylha et ung autre jornal de vala, a lors despens, et lod. de la Ylha sera tengut de baylar la semenssa ;

XVI. — Item es pacte que losd. bordes seran tengutz de ana ajuda aud. de la Ylha, quada an, embarra sa berenha de Colonha et la porta a lad. Sala am lo cas, se beson es ;

XVII. — Item es pacte que lod. de la Ylha sera tengut de bayla ausd. bordes, pendent lod. arrendament, un casau de vinha de sas vinhas de Colonha, a megas et la una partida sera tenguda de ajuda a l'autra a berenha a sos despens, et losd. bordes seran tengutz bonament et degudament de poda, folga, et bina et plega lad. vinha como s'era lor propria a lor despens ;

XVIII. — Item es pacte que, a la fin deudit arrendament, losd. bordes seran tengutz de leyssa la mitat de lasdichas teras incultas ;

XIX. — Item es pacte que, a la fin deldig arrendament, losd. bordes seran tengutz de leyssa totas las palhas et fes que se trobaran en ladicha borda ayssin com las an trobadas ;

XX. — Item es pacte que lo cas que est en ladita borda sera a megas et a la fin deldig arrendament demorara en lad. borda tot reparat ausi com es ara de present ;

XXI. — Item es pacte que losd. bordes seran tengutz, duran lod. arrendament, de teni los baratz de lasd. possessions areviratz et de n'y fe de naus la mitat de la ont sera necessari a l'entorn de lasd. possessions et l'autra mitat, lod. de la Ylha sera tengut de fe fe ;

XXII. — Item es pacte que losd. bordes seran tengutz de planta dus cens pes de aubres a l'entorn de la borda, de la ont sera beson, coma sont peres, pomes, abarges, serelhos, nogues, aubas, et autres fructies ;

XXIII. — Item es pacte que losd. bordes no seran tengutz d'entra au fornas, ny a las garenas am lo bestia san conget del dig de la Ylha, si no am las auelhas ; et quand hy menaran lasd. auelhas, losd. bordes seran tengutz de las fe passa per daban sa mayson, ny ausi pareilhament losd. bordes no seran tengutz de prene deguna condition de lenha de sasd. garenhas ;

XXIV. — Item es pacte que se era cas que lo bestia deusd. bordes fasian pas per los baratz de las garenhas deud. de la Ylha, en aquet cas losd. bordes seran tengutz de los arepara a lors despens ou se no los areparavan, lod. de la Ylha los pot fe a repara a lors despens ;

XXV. — Item es pacte que se era cas que losd. bordes no volian teni losd. pactes, lod. de la Ylha, los ne pot geta et mete d'autres ;

XXVI. — Item es pacte que losd. bordes seran tengutz de fe arteta lad. borda duas beguadas a lors despens pendent lod. terme ;

XXVII. — Item es pacte que se era cas que lod. de la Ylha abia beson pendent lod. terme de fe tira teula, fusta et vin de lad. vila de Colonha, ny ausi pareilhament, poscan, et asso tant per la reparation de lad. borda, que de lad. sala de Pesquieras, en aquet cas losd. bordes seran tengutz de lor ana serca ;

XXVIII. — Item es pacte que lod. de la Ylha a prométut ausd. bordes de segans per lod. temps ;

Quaquidem pacta dicte partes et qualescumque partes respectare et tenere promitterunt sub ypotheca, etc., et juraverunt, etc.

Testes : Domini Johannes Lana ; Petrus de Insula ; et Sanxius Masbon, presbiteri ville colonie habitantes.

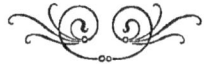

www.ingramcontent.com/pod-product-compliance
Lightning Source LLC
Chambersburg PA
CBHW071437060426
42450CB00009BA/2224